Inhaltsverzeichnis

AF727375

***Anmerkung:** Liebe Lehrkraft, wir möchten in unseren Materialien niemanden benachteiligen oder diskriminieren. Daher nutzen wir unter anderem das Gendersternchen, um alle Geschlechter anzusprechen. In Texten für Schüler*innen verzichten wir jedoch aus Gründen der besseren Lesbarkeit darauf und nutzen weiterhin entweder die „neutrale" Form oder Doppelformen. Selbstverständlich sind stets alle Geschlechter gemeint.

Vorbemerkungen / Hinweise zu den Angeboten

Kerstin Landwehrs Buch „Bitte nicht stören!“ enthält fünf Geschichten, die sich auf fantasievolle Weise mit den Ängsten und Sorgen beschäftigen, die Kinder auch aus ihrem Lebensalltag kennen. Dabei finden die Figuren positive Lösungen und zeigen Wege auf, die Ängste zu überwinden und selbstbewusster zu werden.

Zum Inhalt des Buches:
Der Drache Unfug, die Hexe Allerlei, die Schneckenprinzessin, Zwerge und Mäuse ... sie alle wohnen in einem Geschichtenbuch. In abgeschlossenen Geschichten lernen die Kinder sie kennen. Die Mäuse in der letzten Geschichte möchten ein Fest feiern und die anderen Figuren aus dem Buch einladen ... Damit sich niemand wundert, wohin alle verschwunden sind, legen sie einen Zettel auf das Buch: Bitte nicht stören!

Zur Konzeption des Literaturprojektes:
Das Literaturprojekt enthält ein Lese-Begleit-Heft mit zweifach differenzierten Angeboten zu den wichtigsten Themen des Buches. Die Angebote beziehen sich chronologisch auf das Buch.
Der Schwierigkeitsgrad des jeweiligen Angebotes ist durch die Symbole am oberen, rechten Blattrand gekennzeichnet.

1. Differenzierungsstufe = Schüler*innen verfügen noch nicht über ausreichend Lesestrategien – Verständnisschwierigkeiten liegen vor (Niveau 1)
2. Differenzierungsstufe = Schüler*innen verfügen über gute Lesestrategien – keine Verständnisschwierigkeiten (Niveau 2)

Tipp: Das Buch kann in Abschnitten auch zu Hause gelesen werden. Zu dem jeweiligen Abschnitt können dann entsprechende Aufgaben bearbeitet werden.

Lesetagebuch
Das Buch „Bitte nicht stören!“ kann nicht nur in der Schule, sondern auch zu Hause gelesen werden. Damit Sie dennoch einen Eindruck von der Lektüre Ihrer Schüler*innen bekommen und diese sich möglichst persönlich mit dem Buch auseinandersetzen können, eignet sich zum Beispiel ein Lesetagebuch. Die Schüler*innen können hier alles eintragen, was ihnen bei der Lektüre des Buches gut gefällt oder was sie bewegt:

- Handlungsverlauf / Inhaltsangaben zu den Geschichten
- wichtige Ereignisse
- Personen und Charaktere (z. B. als Steckbrief, als Zeichnung oder in Form eines Textes wie eines Briefes der Romanfigur)
- Zeichnungen, Collagen, Lapbookelemente
- Buchrezension, die eigene Meinung zum Buch / Buchkritik
- Was hat dir gefallen? / Was war nicht so gut?
- Fragen zum Text, Verständnisprobleme

Sie können die Lesetagebücher am Ende einsammeln und auch benoten. Dies sollten Sie Ihren Schüler*innen jedoch vor Beginn der Arbeit mit den Lesetagebüchern mitteilen. Als Lesetagebuch eignet sich ein Hefter, in den die Kinder ihre Tagebucheinträge einheften. Hier können auch die Arbeitsblätter aus dem Unterricht eingefügt werden. Als Deckblatt kann das Deckblatt vom Lesebegleitheft gewählt werden. Auf der zweiten Seite sollte dann eine Tabelle folgen, in die die Kinder eintragen, wann sie welches Kapitel gelesen haben.

Mein **Lese-Begleit-Heft** zu:

Bitte nicht stören!

von Kerstin Landwehr

Name: ______________________________

Klasse: ______________________________

Der Drache ist ängstlich

Leseabschnitt 1

1. Spure die Wörter mit dem Finger nach.
   Schreibe die Wörter nach.

Drache Vulkan

Feuer Angst

2. Verbinde die Satzteile richtig

Drache Unfug fürchtete	ganz heiß von der Asche.
Der Vulkan	versteckte sich dann.
Der Drache	als er auf seine Füße pustete.
Seine Drachenfüße waren	sich vor dem Vulkan.
Er spuckte eine Flamme,	spuckte Feuer.
Er konnte selbst	nicht mehr zu fürchten.
Nun brauchte er sich	Feuer spucken!

3. Ergänze den Satz.
Ich bin selbst ein Vulkan! Ein echter ____________________________ !

4. Male den Drachen auf ein Blatt.

Der Drache hat Angst

Leseabschnitt 1

1. Lies die Sätze und streiche die falschen Wörter durch.

- Drache Unfug fürchtete sich vor dem Meer Vulkan.
- Der Vulkan spuckte Wasser Feuer.
- Der Drache freute versteckte sich dann immer.
- Seine Drachenfüße wurden ganz heiß kalt von der Asche.
- Er spuckte eine Rauchwolke Flamme, als er auf seine Füße pustete.
- Er konnte selbst Schokolade Feuer spucken!
- Nun brauchte er sich nicht mehr zu beeilen fürchten.

2. Welche Gefühle erlebt Drache Unfug in der Geschichte? Male die Steine aus.

Erschrecken | Hass | Verzweiflung

Furcht | Angst | Mut | Glück

Freude | Wut | Ärger

3. Wann hast du es schon einmal geschafft, deine Angst zu besiegen? Schreibe auf.

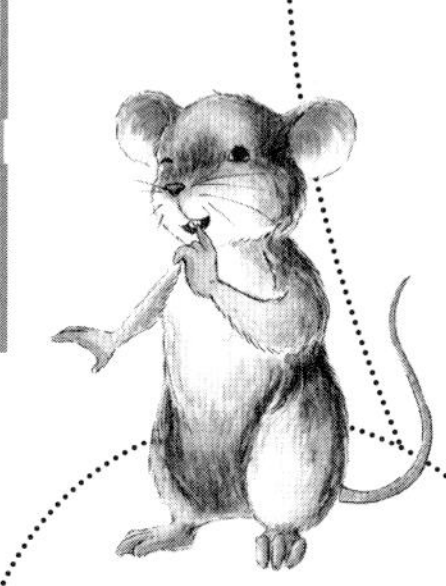

Hör genau

1. Höre dir den Anfang der ersten Geschichte im Hörbuch an.
2. Lies dann den Text.
3. Höre dann noch einmal genau und streiche die falschen Wörter durch.
4. Schreibe die richtigen Wörter darüber.

Der ängstliche Drache

Der Drache Unsinn lebte allein an einem kleinen Vulkan.

Oft zwinkerte er und fürchtete sich hinter dem Vulkan.

„Oh ja, spuck nicht schon wieder Futter!“, jammerte er dann.

Aber dem Vulkan war das recht.

Der spuckte weiter Federn und Asche aus.

BVK • Kerstin Paul: Literaturprojekt zu „Bitte nicht stören!“

Wie kommt der Drache zum Vulkan?

Unfug möchte gern zu seinem Vulkan zurück.
Findest du den Weg? Zeichne ein.

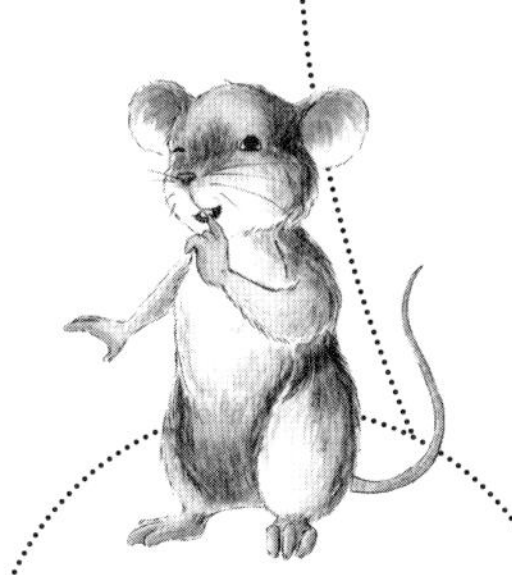

Die Hexe Allerlei zaubert

Leseabschnitt 2

1. Schreibe die Wörter mit ihrem Begleiter auf.

2. Schreibe den richtigen Zauberspruch für den Besen ab.

3. Male Hexe Allerlei auf ein Blatt, während sie zaubert.

BVK • Kerstin Paul: Literaturprojekt zu „Bitte nicht stören!“

Hexe Allerlei will zaubern

Leseabschnitt 2

1. Lies und ☒ kreuze an.

Hexe Allerlei war sehr …	☐ vergesslich. ☐ schlecht gelaunt.
Sie flog mit dem Besen …	☐ um den Schornstein. ☐ gegen die Hauswand.
Der Besen zerbrach …	☐ in zwei Teile. ☐ in tausend Stücke.
Hexe Allerlei wollte den Besen …	☐ zusammenhexen. ☐ verwandeln.
Sie zauberte vier Tiere herbei, weil sie …	☐ es lustig fand. ☐ immer den falschen Spruch aufsagte.
Jetzt wohnte die Hexe in ihrem Haus …	☐ zusammen mit vielen Tieren. ☐ zusammen mit ihrem Besen.

2. Schreibe einen eigenen Zauberspruch auf, um damit einen Besen zusammenzuhexen.

3. Male die Hexe mit ihren Tieren auf ein Blatt.

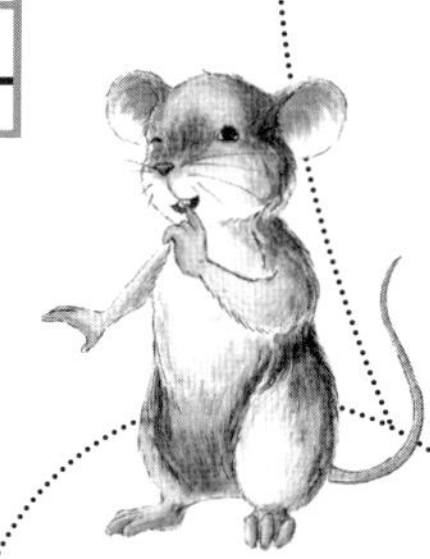

Die Hexe zaubert wieder

Heute zaubert die Hexe wieder. Sie möchte gerne in den Urlaub fliegen. Was braucht sie alles?

Lies und male.

Links neben der Hexe liegt ein offener Koffer.

Darin sind bunte Socken und ein roter Rock zu sehen.

Neben dem Koffer steht ein Käfig für den Hahn.

Rechts von der Hexe steht ein Napf für den Affen.

Hinter der Hexe liegt ein Ballen Stroh für das Pferd.

Vor der Hexe liegen fünf Äpfel für das Schwein, eine Banane für den Affen und ein paar Körner für den Hahn.

BVK • Kerstin Paul: Literaturprojekt zu „Bitte nicht stören!"

Die Schneckenprinzessin versteckt sich

Leseabschnitt 3

1. Lies und male.

Das ist die Prinzessin.

Ihr Kleid ist rosa.

Der Spiegel ist gelb.

Die Haare sind blond.

Der Gürtel ist grün.

Auf das Kleid sind Blumen gemalt.

2. Was findet die Prinzessin an sich hässlich?
☒ Kreuze an.

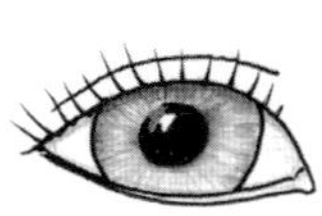

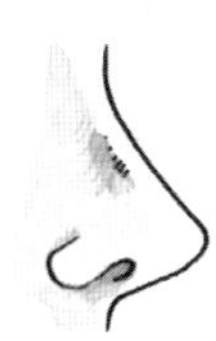

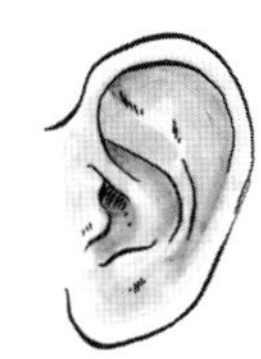

3. Wem hast du schon einmal geholfen? Male.

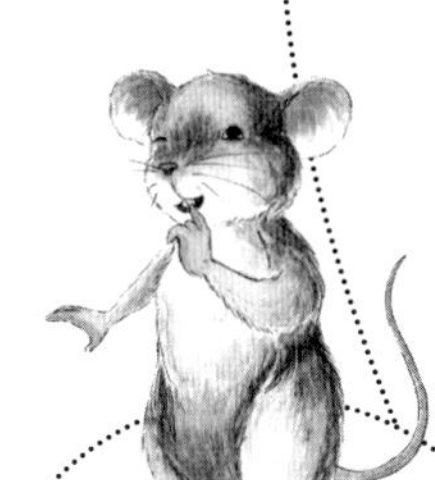

Die mutige Schneckenprinzessin

Wie heißt das fehlende Wort? Setze ein.

1) Die Schneckenprinzessin lebte im … einer Schnecke.
2) Die Prinzessin sah am liebsten den schönen … zu.
3) Die Prinzessin fand ihre … hässlich.
4) Alle … sich, wenn die Schnecke mit der Prinzessin vorbeikam.
5) Für eine … Prinzessin hätten sie das nicht getan.
6) Eines Tages … beinahe eine Libelle im Teich.
7) Die Prinzessin hielt der Libelle einen … hin.
8) Alle konnten jetzt die Nase der Prinzessin …
9) Niemand lachte, alle …

1)	24					1				
2)		12		5						
3)	9			15						
4)			11			21				4
5)			16			23	2			
6)	8						7			
7)	14			18						
8)	17		3		13					
9)						22		19		

Lösung: Die ___ (1) ___ (2) ___ (3) ___ (4) ___ (5) C (6) ___ (7) ___ (8) ___ (9) –

P (10) ___ (11) ___ (12) ___ (13) ___ (14) ___ (15) ___ (16) ___ (17) ___ (18) ___ (19) war sehr

M (20) ___ (21) ___ (22) ___ (23) ___ (24).

Lauter bunte Schnecken

Die Schnecke in der Geschichte hat ein schönes Haus.
Stelle dir vor, du würdest in einem Schneckenhaus leben.
Wie sollte es von außen aussehen?
Gestalte ein eigenes Schneckenhaus.

Der einsame Riesenzwerg

Leseabschnitt 4

1. Was erlebt der Riesenzwerg?

D E F G I N R S U W Z

Alle Zwerge lachen über den

___ ___ ___ ___ ___ ___ ___ ___ ___ ___ ___ .

Die Tiere sind seine ___ ___ ___ ___ ___ ___ ___ .

2. Male auf ein Blatt, wie der Riesenzwerg bei den Raben spukt.

3. Was sagen die Zwerge zu dem Riesenzwerg?
   Schreibe nach.

Wir wollen uns bei
dir bedanken und
um Entschuldigung
bitten.

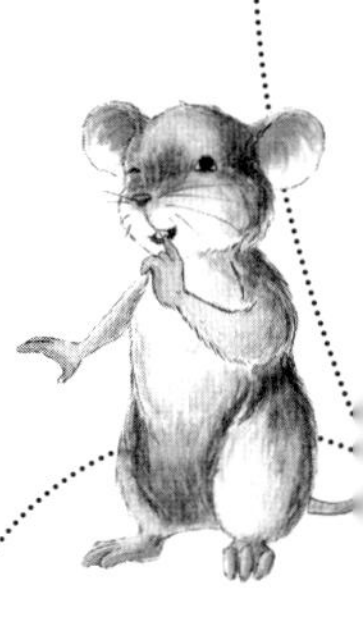

BVK · Kerstin Paul: Literaturprojekt zu „Bitte nicht stören!“

Der Riesenzwerg ist einsam

Leseabschnitt 4

1. Ergänze die fehlenden Wörter.

Der Riesenzwerg war ______________________ .

Die anderen Zwerge ______________________ über ihn.

Er konnte doch nichts dafür, dass er __________ ______________ war.

2. Finde die 10 Begriffe aus dem Text im Suchsel und kreise sie ein.
Du findest sie → waagerecht und ↓ senkrecht:

Felsen – Herz – Reh – Adler – Eichhörnchen –
Raben – Schatz – Versteck – Spuk – Dank

A	H	E	R	Z	E	Q	D	R	Z	K	Ü
E	I	C	H	H	Ö	R	N	C	H	E	N
Q	Ü	X	N	H	J	K	L	X	S	D	V
A	Y	S	P	U	K	M	V	Ö	F	Ü	E
D	Ö	G	K	Q	E	H	W	V	E	G	R
L	X	R	A	B	E	N	D	L	L	T	S
E	D	S	A	Q	W	C	L	W	S	D	T
R	R	S	C	H	A	T	Z	R	E	C	E
C	B	N	V	Q	Z	V	M	V	N	D	C
N	D	A	N	K	I	R	E	H	V	S	K

3. Wie fühlt sich der Riesenzwerg am Ende der Geschichte?
Sprich mit einem Partner.

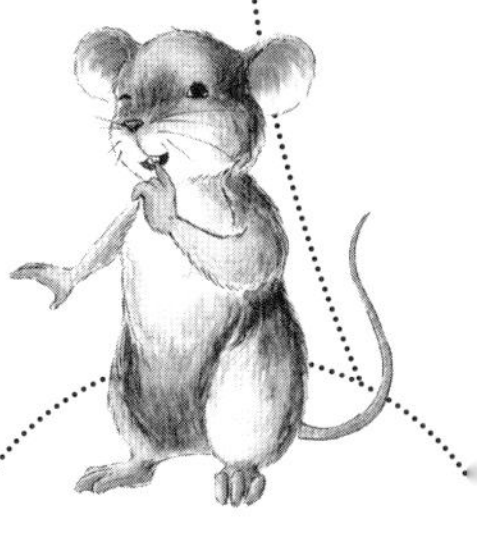

Zwergenpuzzle

Schneide die Puzzleteile aus.
Lege sie richtig auf ein Blatt.
Wenn alles stimmt, kannst du die Teile aufkleben.

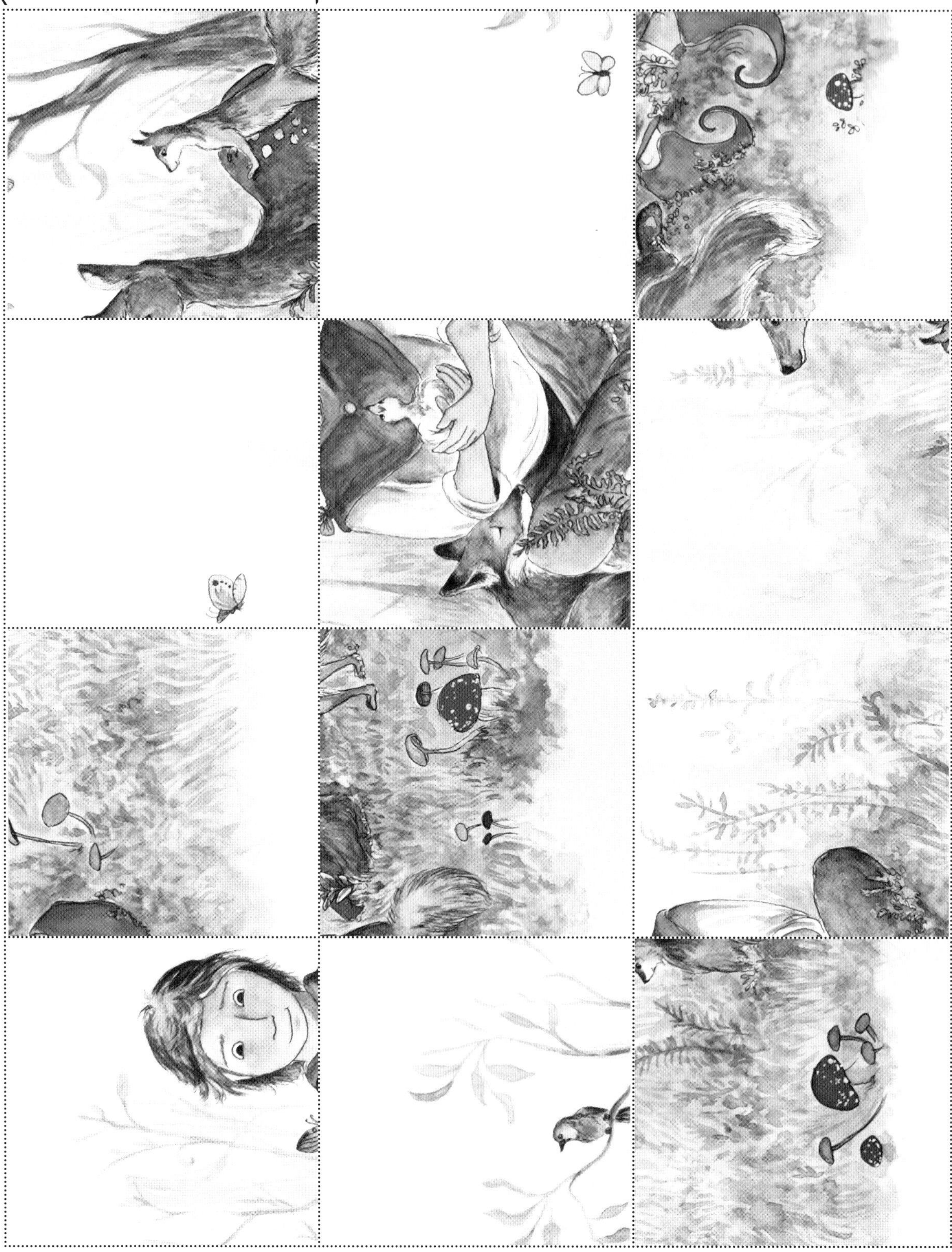

Leseabschnitt 5

Das Mäusefest

1. Schaue die Wörterschlangen an.
   Mache nach jedem Wort einen Strich |.

DIEMÄUSEFEIERNEINFEST.

SIELADENALLEDAZUEIN.

AUFDASBUCHLEGENSIEEINENZETTEL.

2. Was steht auf dem Zettel? Schreibe nach.

Bitte nicht stören!

3. Wer ist eingeladen? Verbinde.

Zwerg

Hexe

Prinzessin

Drache

Das heimliche Mäusefest

1. Richtig ☺ oder falsch ☹? Male an.

Die Mäuse wollen ein Fest feiern.	☺	☹
Krümel findet es toll, dass immer die gleichen Gäste kommen.	☺	☹
Er schreibt auf einen Zettel: Bitte nicht stören!	☺	☹
Krümel schleicht aus seiner Geschichte und aus dem Buch.	☺	☹
Den Zettel versteckt er zwischen den Seiten.	☺	☹
Er schleicht in die anderen Geschichten.	☺	☹
Alle gehen zum Fest auf der Wiese.	☺	☹
Die Mäuse schicken die anderen Figuren zurück in ihre Geschichten.	☺	☹

2. Wen lädt Krümel zum Fest ein? Schreibe sechs Gäste auf!

3. Mit wem würdest du gerne mal ein Fest feiern?
Schreibe auf ein Blatt.

Bist du ein Hör-Meister?

1. Höre dir den Anfang des letzten Kapitels (Track 7) im Hörbuch an.
   Lies dann den Text. Höre noch einmal den Anfang.
   Welche Wörter fehlen? Schreibe auf die Linien.

Das heimliche Fest

Die ______________ in der alten ______________

liefen aufgeregt hin und her.

Heute ______________ sollte ein großes ______________

auf der ______________ vor der Mühle stattfinden.

2. Lies den Text laut und betont vor.

Meine Leselupe und mein Leselauscher-Lesezeichen

Hier kannst du basteln.

Male zuerst das Lesezeichen und die Leselupe bunt an.

Schneide die Teile sorgfältig aus. Wenn du sie auf Pappe klebst und sie ausschneidest, sind sie stabiler.

Nun kannst du Leselupe und Lesezeichen nutzen.

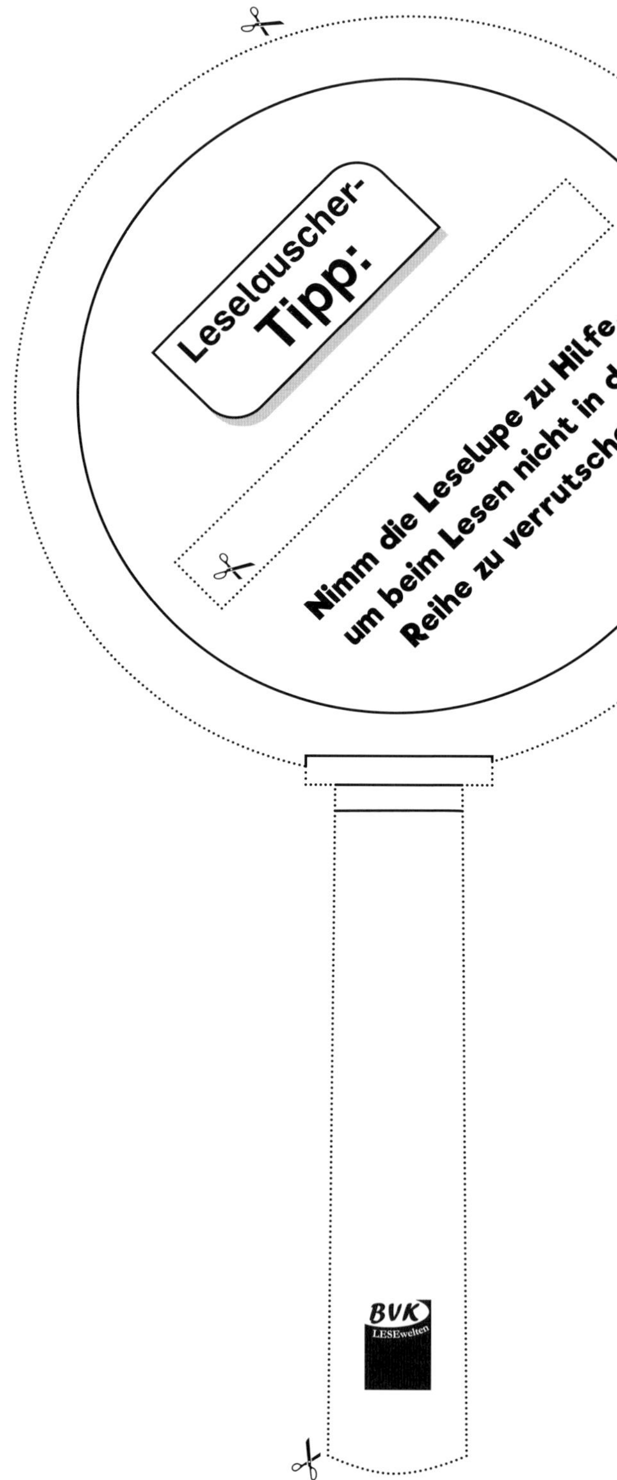

Alles klitzeklein

Lies den Text.
Hier ist etwas durcheinandergeraten. Alle Wörter sind klein geschrieben!
Markiere die Wörter, die groß geschrieben werden müssen. **Achtung:** Satzanfänge und Namenwörter (Nomen) schreibt man groß.
Schreibe dann den Text richtig darunter in die Linien.

die hexe allerlei

die hexe allerlei wohnte in einem schiefen haus. das schiefe haus stand auf einem schiefen berg. auf dem hausdach war ein schiefer schornstein. daraus qualmte es, wenn die hexe allerlei ihren hexentrank kochte.

Mein Steckbrief

Welche Figur aus dem Buch magst du besonders?

Fülle den Steckbrief aus.

Steckbrief

Male deine Lieblingsfigur:

Figur: ______________________

____

Name:

____

Aussehen:

____

____

____

____

Besonderheiten:

____

____

Darum mag ich die Figur:

____

____

Lösungen (1)

Zu Seite 4: Der Drache ist ängstlich

2. Richtige Sätze:

- Drache Unfug fürchtete sich vor dem Vulkan. • Der Vulkan spuckte Feuer.
- Der Drache versteckte sich dann. • Seine Drachenfüße waren ganz heiß von der Asche.
- Er spuckte eine Flamme, als er auf seine Füße pustete. • Er konnte selbst Feuer spucken!
- Nun brauchte er sich nicht mehr zu fürchten.

Zu Seite 5: Der Drache hat Angst

1. falsche Wörter: Meer – Wasser – freute – kalt – Rauchwolke – Schokolade – beeilen

Zu Seite 6: Hör genau!

Der Drache **Unfug** lebte allein an einem kleinen Vulkan.
Oft **zitterte** er und fürchtete sich **vor** dem Vulkan.
„Oh **nein,** spuck nicht schon wieder **Feuer**!“, jammerte er dann.
Aber dem Vulkan war das **egal**.
Der spuckte weiter **Rauch** und **Feuer** aus.

zu Seite 7: Wie kommt der Drache zum Vulkan?

Zu Seite 8: Die Hexe Allerlei zaubert

2. Zauberspruch: Besen, Besen, an der Wand, werde ganz von Zauberhand.

Zu Seite 9: Hexe Allerlei will zaubern

1. Hexe Allerlei war sehr … schlecht gelaunt.
Sie flog mit dem Besen … gegen die Hauswand.
Der Besen zerbrach … in zwei Teile.
Hexe Allerlei wollte den Besen … zusammenhexen.
Sie zauberte vier Tiere herbei, weil sie … immer den falschen Spruch aufsagte.
Jetzt wohnte die Hexe in ihrem Haus … zusammen mit vielen Tieren.

Lösungen (2)

Zu Seite 12: Die mutige Schneckenprinzessin

1)	G [24]	e	h	ä	u	s [1]	e			
2)	L	i [12]	b	e [5]	l	l	e	n		
3)	N [9]	a	s	e [15]						
4)	v	e	r [11]	b	e	u [21]	g	t	e	n [4]
5)	h	ä	s [16]	s	l	i [23]	c [2]	h	e	
6)	e [8]	r	t	r	a	n	k [7]			
7)	Z [14]	w	e	i [18]	g					
8)	s [17]	e	h [3]	e	n [13]					
9)	j	u	b	e	l	t [22]	e	n [19]		

Lösung: Die SCHNECKEN-PRINZESSIN war sehr MUTIG.

Zu Seite 14: Der einsame Riesenzwerg

1. Alle Zwerge lachen über den RIESENZWERG.
   Die Tiere sind seine FREUNDE.

2.

A	H	E	R	Z	E	Q	D	R	Z	K	Ü
E	I	C	H	H	Ö	R	N	C	H	E	N
Q	Ü	X	N	H	J	K	L	X	S	D	V
A	Y	S	P	U	K	M	V	Ö	F	Ü	E
D	Ö	G	K	Q	E	H	W	V	E	G	R
L	X	R	A	B	E	N	D	L	L	T	S
E	D	S	A	Q	W	C	L	W	S	D	T
R	R	S	C	H	A	T	Z	R	E	C	E
C	B	N	V	Q	Z	V	M	V	N	D	C
N	D	A	N	K	I	R	E	H	V	S	K

Zu Seite 15: Der Riesenzwerg ist einsam

1. Der Riesenzwerg war **einsam**.
   Die anderen Zwerge **lachten** über ihn.
   Er konnte doch nichts dafür, dass er
   so groß war.

Zu Seite 19: Bist du ein Hör-Meister?

Wörter für den Lückentext: Mäuse – Mühle – Abend – Fest – Wiese

Zu Seite 21: Alles klitzeklein

Die Hexe Allerlei

Die Hexe Allerlei wohnte in einem schiefen Haus.
Das schiefe Haus stand auf einem schiefen Berg.
Auf dem Hausdach war ein schiefer Schornstein.
Daraus qualmte es, wenn die Hexe Allerlei ihren
Hexentrank kochte.